COLECCIÓN LEER EN ESPAÑOL

Una mano en la arena

Fernando Uría

español

**Santillana
Universidad
de Salamanca**

La colección LEER EN ESPAÑOL ha sido concebida,
creada y diseñada por el Departamento de Idiomas
de Santillana Educación, S. L.

El libro *Una mano en la arena* es una obra original de **Fernando Uría**
para el Nivel 1 de esta colección.

Edición 1993
Coordinación editorial: **Silvia Courtier**
Dirección editorial: **Pilar Peña**

Edición 2008
Dirección y coordinación del proyecto: **Aurora Martín de Santa Olalla**
Edición: **Begoña Pego**

Edición 2009
Dirección y coordinación del proyecto: **Aurora Martín de Santa Olalla**
Actividades: **Pepa Alarcón**
Edición: **M.ª Antonia Oliva**

I

UN DÍA EN LA PLAYA

EL sol entra por la ventana y se pasea por mi oficina. No sé qué hago aquí un día como hoy. Este no es un tiempo para trabajar. Quiero salir a la calle. Pienso en una playa blanca y en un mar azul.

Oigo el teléfono. Voy a contestar.

—¿Diga?

—¿Rafael? Soy yo, Virginia.

—¡Virginia! ¡Qué bien!

—¿Te gusta oírme?

—Me gusta hablar contigo. Y hoy esperaba tu llamada.

—¿Ah, sí?

—Sí, quiero dejar esta mesa, salir de esta oficina e irme a la calle a pasear.

—Pues vete.

—Sí, pero quiero pasear contigo.

—Pero yo tengo trabajo...

—¿Seguro? No sabes qué bonitas están las playas en un día como hoy...

—¿Las playas? Rafael, estamos en mayo...

—Sí, pero hace calor.

–Dame media hora para ponerme el bañador[1].

–¡Muy bien! Dentro de treinta minutos paso a buscarte a tu casa.

–Hasta luego. Espérame abajo.

–Vale. Hasta luego.

Soy un hombre de suerte. Vivo en una pequeña ciudad cerca del mar. Tengo un trabajo bien pagado. Me gusta la pesca[2] y escribir novelas policiacas[3]. Y tengo una novia[4] muy guapa: alta, simpática... y rubia.

* * *

Paro el coche delante de la casa de Virginia. A los cinco minutos baja ella, con un vestido amarillo, muy corto. Tiene unas piernas muy bonitas. Y ella lo sabe.

–¡Estás más guapa que nunca! –le digo.

–Gracias –contesta ella, divertida–. ¿Adónde vamos?

–A la playa.

–¿A la playa de Las Arenas Blancas?

–¡Oh, no! Hay mucha gente en Las Arenas Blancas. Prefiero una playa tranquila, para estar solos tú y yo.

–Pero, Rafael, no hay playas así...

–Sí. Conozco una. Se llama playa de Los Cangrejos[5].

–¡Ah, no, allí no quiero ir!

–¿Tienes miedo[6] a los cangrejos?

–No. No es eso, tonto.

–Pues ¿qué te pasa? Estás nerviosa, Virginia...

–Sí. Y no quiero ir a la playa de Los Cangrejos.

–Te digo yo que es un sitio muy tranquilo. Allí vamos a estar muy bien.

El coche sale rápido de la ciudad. Virginia no habla, solo mira por la ventana. ¿Por qué no quiere ir a la playa de Los Cangrejos? No lo entiendo.

No he visto nunca a Virginia así. Ella siempre está contenta. Pongo la radio. ¡Qué suerte! Es su música preferida:

Bebo el sol de tus ojos en el agua azul...

Pero ella no parece oír, está enfadada. ¡Cómo lo siento! Este día de sol no va a ser fácil. Me paro en una gasolinera[7]. Me bajo y ella espera sin moverse, sin mirarme.

* * *

Por fin llegamos a la playa de Los Cangrejos. Dejo el coche cerca del bosque de pinos[8] y andamos un poco. Lo sabía: no hay nadie. ¡La playa para nosotros dos! Virginia sonríe. ¡Bueno! Se quita el vestido. ¡Qué guapa está con su pequeño bañador rojo!

Ahora canta:

Bebo el sol de tus ojos...

Y corre hacia el mar. Yo me quedo debajo de un pino y la miro. Nada[9] rápido. Se va lejos, demasiado lejos. Nada muy bien, desde pequeña. A ella y a su hermano les enseñó un americano llamado Levis, como los pantalones; fue su profesor y luego se hizo amigo de la familia. Virginia siempre dice que es un segundo padre para ella.

¿Dónde está ahora Virginia? No veo su cabeza rubia. Solo la arena blanca y el mar. ¡Uf! Por fin, ya está saliendo del agua. Corre hacia mí y se sienta.

−¿Qué tal? −le pregunto.

−Muy bien. Y tú, ¿no vas a nadar un poco?

−No. Prefiero pescar[2].

−¿Aquí?

−No, en esta playa no. Allí, en la isla[10].

−No tenemos barca[11].

−Tengo una. Ven.

Cojo a Virginia de la mano y andamos por la arena hacia la derecha de la playa. Por aquella parte, en el bosque, hay una casa muy pequeña y en ella encontramos mi barca. Se llama «VIERNES».

—¿Y ese nombre? —pregunta Virginia.

—Me gusta ir a pescar a una isla desierta[12], como Robinson Crusoe.

—¿Desierta?

—Yo he ido muchas veces y siempre he estado solo. Es muy bonita. Ven conmigo. Allí pescamos un poco y luego nos bañamos. Así, «mi» isla puede ser tuya también.

—¿Tú crees, Rafael, tú crees?

—¿Y por qué no?

II

LA ISLA DESIERTA

EL sol está muy alto y hace calor. Virginia está tumbada[13]; sus manos juegan con el agua. La barca poco a poco nos lleva lejos de la playa, entre las olas[14]. Por un momento Virginia cierra los ojos. Me gusta su bonita cara morena. La beso[15].

—Mira, Virginia, la isla.

Ya la tenemos delante, pequeña, con su faro[16] blanco. Llegamos a una playa.

—Esta es la playa de Las Siete Olas —le digo—. Aquí vienen los pescadores[2] y también las mujeres que quieren tener un niño. Se lavan las manos siete veces en una noche de otoño y nueve meses más tarde tienen su hijo.

—Una historia muy bonita. Pero yo no pienso venir por aquí en otoño, ¿sabes? Y tú, ¿qué quieres pescar?

—No sé. Entre las piedras siempre hay algo.

—De acuerdo, yo me quedo aquí para tomar el sol.

—¿Estás más contenta? —le pregunto.

—Sí.

—Ahora, dime la verdad: ¿por qué no querías ir a la playa de Los Cangrejos?

—No me gusta, nunca me ha gustado ese sitio...

—Pero ¿tú ya conocías esa playa?

—Sí, estuve con mi hermano y con sus amigos.

—¿Con ese Paco?

—Sí, y con otros chicos peores, como el *Viruelas*. Pero prefiero no pensar en el tiempo pasado.

—¿Qué hacías con esa gente? ¿Adónde ibas?

—A un bar cerca de mi casa. Pero ¿qué te pasa? Te he dicho que todo eso está olvidado.

—Ya sabes que me gusta escribir novelas policiacas. Oye, y ¿cómo era ese bar?

—Un poco raro. Muy pequeño, sin ventanas. La gente fumaba mucho allí.

—¿Cigarrillos?

—Y otras cosas.

—Ahora entiendo... Tranquila, tú y yo vamos a vivir el presente, ¿quieres?

Virginia sonríe y así está más guapa todavía.

Voy a pescar. Pasan los minutos. No veo peces, no veo cangrejos por aquí. La verdad es que no soy un gran pescador. Sobre todo me gusta estar solo, cerca del mar, lejos de mi oficina y del ruido de la ciudad.

De pronto oigo un grito[17]. Es Virginia.

—¡Virginia! ¿Qué ocurre?

* * *

Llego hasta Virginia. Está de pie, muy blanca.

—¿Qué ha pasado?

—Estaba tumbada, tomando el sol. Y con el pie he sentido algo raro en la arena.

No veo peces, no veo cangrejos por aquí. La verdad es que no soy un gran pescador. De pronto oigo un grito. Es Virginia.
–*¡Virginia! ¿Qué ocurre?*

–¿Dónde?

–Ahí, ahí.

–Vamos a ver. Seguro que es un cangrejo.

Quito un poco de arena y veo algo de color claro. No es un cangrejo. Es... es... ¡un dedo[18]! Poco a poco, veo aparecer[19] otro, luego otro y así hasta cinco. ¡Una mano! Una mano abierta que parece pedirme algo...

–Vámonos de aquí –dice Virginia.

–Debemos llamar a la policía.

–¿Cómo? En una isla desierta no hay teléfonos.

–Seguro que sí. Voy a buscar uno. Tú te quedas...

–¡Yo no me quedo aquí sola! –dice Virginia–. ¡Hay un muerto en la playa y quieres dejarme aquí sola!

–De acuerdo. Vámonos los dos.

–Sí. Vámonos. Es mejor volver a la ciudad y no decir nada. Dejar esa mano ahí y olvidarnos.

–¡Olvidarnos! Pero ¿cómo vamos a olvidarnos de que aquí hay un muerto? Virginia, no te entiendo. ¿Estás bien?

–Pues no, no estoy bien. Esto es peligroso.

Virginia está muy nerviosa.

–Rafael, tengo frío.

–Ven aquí conmigo.

La tomo entre mis brazos. Nuestras ropas se quedaron en la playa de Los Cangrejos, dentro del coche. Yo también tengo frío. Frío y miedo.

Nos subimos a la barca. Sin hablar, llegamos a la playa de Los Cangrejos. Andamos entre los pinos hasta la salida del bosque y allí me quedo como de piedra: ¡el coche no está!

–Y ahora no tenemos ropa... –dice Virginia.

–¡Alguien nos roba[20] el coche y tú solo piensas en la ropa! Virginia, me parece que hay cosas más importantes.

–Pero es que tengo frío...

–Corre. Había un bar por aquí cerca. Vamos a llamar por teléfono desde allí.

* * *

Es tarde ya. El sol se baña en el mar. Corremos entre los pinos y encontramos el bar, pero está cerrado.

–¡Qué mala suerte! Seguro que solo abre en verano.

–¿Qué hacemos ahora?

¡Mi Virginia! Nunca la he visto así. Está blanca como el papel. ¡Cómo la quiero!

–¿Hay alguien? –grito.

Llamamos una y otra vez. No contesta nadie.

–Ven, Virginia. Vamos a mirar por detrás.

El bar tiene otra puerta, de cristales[21]. Es la puerta de la cocina. Rompo un cristal y entramos.

Dentro hay muchas cajas[22]. Parece una tienda. Buscamos el teléfono por todas partes. En ese momento oigo un ruido: miro detrás de mí y me encuentro con un hombre alto y gordo. Lleva una pistola[23] en la mano.

–No me gustan los ladrones[24] –dice.

–No somos ladrones. Solo buscamos un teléfono –contesto yo.

–¡Fuera! ¿No ve que el bar está cerrado?

–Mire, es importante. Debemos llamar a la policía. Mi coche ha desaparecido[19] y, además, en la isla hemos encontrado un muerto. ¿No puede dejarme...?

–No puedo y no quiero. Vaya a la gasolinera.

–¡Pero está lejos! ¡Y mi novia está cansada!

–Son solo cinco kilómetros.

Virginia y yo andamos hacia la gasolinera cogidos de la mano.

Era un día tan bonito para tomar el sol, contentos, solos ella y yo... Y ¡qué negro me parece ahora!

* * *

Por fin llegamos a la gasolinera. Ya es de noche.

–¿Puedo llamar por teléfono, por favor?

–Sí, aquí lo tiene.

–Gracias.

Al fin puedo hablar con la policía. La verdad es que no es fácil. Ellos no me oyen bien y no entienden nada. Grito.

–Encontramos un muerto en la playa y alguien me ha robado el coche.

–¿Qué? ¿Un muerto le ha robado el coche?

Empiezo mi historia otra vez.

–Además, un hombre nos quiso matar con una pistola.

El policía piensa que he bebido demasiado. Le digo por tercera vez:

–Primero está el coche. Después el muerto. Bueno, no sé si primero está el coche o el muerto. Y luego el hombre de la pistola...

–Pero vamos a ver, ¿quién encontró al muerto?

–Virginia y yo.

–¿Quién es Virginia?

–Mi novia.

–Díganme los dos cómo se llaman y dónde viven.

–Pero mire usted: no tenemos ropa, no tenemos coche... Estamos en una gasolinera, y el muerto se ha quedado allí, en la arena. ¿No pueden venir?

–Ahora vamos. Dígame dónde está la gasolinera.

–A cinco kilómetros de la playa de Los Cangrejos.

Esperamos sentados en un banco. El chico de la gasolinera nos deja dos chaquetas viejas. También viene con dos vasos de vino.

Después de beberlo nos sentimos un poco mejor. Por lo menos tenemos más calor. Virginia cierra los ojos. Parece que se va a dormir.

–Te quiero –le digo–. Duerme tranquila.

—Buenas noches. ¿Cómo ha sido el accidente?
—Pero... yo no he hablado de accidente.
—¡Hable más alto! —me dice uno de los hombres.

III

EL CADÁVER DESAPARECIDO

SON más de las doce. Por fin llega la policía.

—Buenas noches. ¿Cómo ha sido el accidente?

—Pero... yo no he hablado de accidente.

—¡Hable más alto! —me dice uno de los hombres, rubio y de ojos claros.

—Por favor, señor —dice Virginia—, estamos cansados, tenemos hambre y frío...

El chico de la gasolinera nos da un poco de pan y queso. Los policías miran las piernas de Virginia.

—Tengo que trabajar mañana a las ocho —dice Virginia—. Déjenme ir, por favor.

—Bueno, bueno, la verdad es que podemos irnos todos —dice el policía—. No sé qué estamos haciendo aquí.

—¿No vamos ahora a la isla? —pregunto yo.

—Ah, sí..., la isla... No, imposible. Hasta mañana no podemos hacer nada. Sí, mañana usted nos va a llevar allí. Pero ahora suban al coche; los llevamos a la ciudad y nos cuentan su historia en la comisaría[25].

* * *

Son las seis de la mañana. Debo levantarme para ir a la comisaría otra vez. Me siento bastante mal, muy cansado. No he dormido. Cada vez que cerraba los ojos, veía una mano. Una mano muy blanca, encima de mí, la mano del muerto.

Es demasiado pronto para llamar a Virginia. Además, ella no quiere volver a la isla. Mejor, todo esto es demasiado duro para ella.

Delante de la comisaría están el policía rubio de ayer y dos hombres más. Uno de ellos tiene una pala[26] en la mano. La deja en un coche grande. Detrás, lleva una barca.

—Lo estábamos esperando —me dice el rubio—, suba, por favor.

Está claro que este es el comisario[25]. No sé por qué me mira así; parece enfadado. Pero yo encontré un muerto. ¿Podía hacer otra cosa que contarlo a la policía? En el coche, en la barca, vamos todos sin hablar. Yo tengo mil preguntas en la cabeza.

* * *

Por fin llegamos a la isla. Por décima vez explico dónde está la mano. Pronto encontramos el lugar. Allí, la arena es de color casi marrón.

Los dos hombres empiezan a trabajar con la pala. Pero nada. No lo entiendo. No encuentran nada. Bueno, encuentran un pez muerto y me lo dan divertidos.

—¿Es este su muerto? Señor, usted se ríe de nosotros, o bebió demasiado ayer.

—En este mismo sitio vi ayer la mano de un muerto. No le puedo decir otra cosa.

Alguien se ha llevado el muerto por la noche, pero ellos no me creen.

—Ya, ya lo sabemos. Y su coche ha desaparecido, robado, claro. Y en el bar un hombre lo quería matar, ¿verdad? —sonríe el comisario.

Yo no contesto.

–Vamos a ese bar –dice ahora el otro policía.

Otra vez nos subimos a la barca y volvemos a la playa de Los Cangrejos. Llegamos al bar.

–Tuve que romper los cristales de la puerta... –empiezo a explicar.

Pero estamos delante de la cocina. No hay cristales rotos y la puerta está medio abierta. El comisario sonríe. Prefiero no hablar. Entramos. Ellos pasean por el bar, la cocina, y no encuentran a nadie.

–Ayer había muchas cajas en la cocina –les digo.

–Claro, y hoy han desaparecido... –dice el otro policía–. ¿Y qué había en esas cajas? –me pregunta después.

–No lo sé.

–Bueno, creo que ya nos hemos reído bastante. ¿No le parece? –me grita casi el comisario–. No somos tontos, ¿sabe? Y sobre todo, no queremos perder más tiempo.

–Sí, vámonos –dice el otro policía.

Salimos. Delante de la puerta de la cocina veo las huellas[27] de un camión[28], pero no digo nada. ¿Para qué?

Subimos al coche y volvemos con mucha prisa. Paramos delante de la comisaría.

–¿Puedo irme? –pregunto al comisario.

–Sí, claro –me contesta–. Pero no piensa salir de la ciudad, ¿verdad?

–No, señor comisario. Adiós, señor comisario.

* * *

Por fin entro en mi casa. Voy a tomar algo para dormir. Sí, quiero dormir horas y horas para olvidar todo esto. Antes de tumbarme en la cama llamo a Virginia por teléfono, a su oficina.

–No está –me contesta un señor–. Desde ayer no la he visto.

¡Qué raro! Ella dijo a la policía: «Mañana tengo que trabajar». Llamo a su casa. No contesta nadie. ¿Dónde puede estar?

Empiezo a pensar como los policías: el coche, el muerto, el hombre de la pistola... y Virginia no son verdad. Solo son cosas mías, cosas de novelas policiacas.

IV

OTRAS PERSONAS EN PELIGRO

OIGO un ruido. Abro los ojos y miro el reloj. Son las doce de la noche. ¡Cuánto he dormido!

Otra vez: ¡ring..., ring...! Es el teléfono... Me siento mal. Salgo de la cama.

—¿Sí? ¿Dígame?

Oigo una voz[29] conocida.

—Hola, buenas noches. Soy yo.

—¡Virginia! ¿Dónde estás? ¿En casa?

—No, en casa no. Pero tranquilo. Todo va bien.

—Te he llamado esta mañana a la oficina.

—Ya lo sé. ¿Qué tal estás?

—Un poco dormido.

—... y un poco raro, ¿no?

—¡Claro! Entiéndeme: tú desapareciste y yo... sin saber nada... Tenía miedo por ti, Virginia. Y lo tengo ahora.

—No pienses en mí, yo estoy bien. Pero hay otras personas en peligro —me dice.

—¿Qué quieres decir? Virginia, de verdad, quiero verte. ¿Dónde estás?

–No puedo hablar ahora, pero...

En ese momento oigo un pequeño ruido en el teléfono. La llamada se ha cortado. Sin saber muy bien por qué, escribo en un papel las palabras de Virginia:

HAY OTRAS PERSONAS EN PELIGRO.

Otras personas... ¿Quiénes son? Espero cerca del teléfono. ¿Por qué no llama Virginia otra vez?

* * *

Salgo a la calle. Quiero volver a la playa de Los Cangrejos, entrar otra vez en ese bar. Voy a tomar un taxi. En media hora estoy allí.

–Espéreme, por favor –le digo al hombre del taxi–. Va a ser poco tiempo.

Paseo debajo de los pinos. La noche me parece más negra que nunca. No veo el bar, no veo nada. Cojo mi linterna[30]: ya sé dónde estoy; cerca de aquí nos sentamos ayer Virginia y yo. ¿Y eso qué es? Aquí, a mis pies he encontrado algo. ¡Sí, son las gafas de sol de Virginia! ¡Sus gafas de color verde! Pero... ayer no las llevaba, estoy seguro.

Meto[31] las gafas en mi chaqueta y ando hacia el bar. La puerta de la cocina está abierta todavía. Y delante, las huellas del camión. Entro sin hacer ruido.

Busco. Busco por toda la cocina: no hay cajas, no hay nada. Paso a la parte del bar. Nada. Me parece todo imposible. Pero no puedo irme así. Una vez más, miro por todas las esquinas y allí, en el suelo, encuentro una cosa: un pequeño paquete. No puedo creerlo, ¿cómo no lo vi antes? Abro el paquete: está lleno de un polvo[32] blanco. ¿Droga[33]? No estoy seguro, claro, pero eso parece. Me llevo el paquete. Por fin, algo interesante.

Vuelvo despacio a la cocina. Nada. Nadie. Salgo con el paquete en la mano. Siento algo raro. Estoy solo en la noche. Pero me parece que unos ojos me miran desde una ventana.

* * *

El taxi me deja en el centro de la ciudad. No quiero volver a casa todavía. ¿Para qué? ¿Dormir? Imposible. He estado en la cama todo el día. No sé cómo he podido. Además, pienso todo el tiempo en Virginia. ¿Dónde está? ¿En uno de aquellos sitios raros, con aquella gente? No, no puede ser. Ella lo ha dicho: son tiempos pasados, olvidados. Pero paseo por las calles y sin querer voy hacia aquel bar, cerca de su casa.

Antes de entrar pienso: «Virginia, ¿no estás ahí, verdad? Por favor, di que no, por favor». No, aquí dentro no conozco a nadie. Pero me siento mal: ¿cómo he podido venir aquí, no creer en ella? Virginia, perdóname.

Ahora me voy rápido. Corro para no pensar. Y llego a casa en pocos minutos. ¡Un policía me espera en el portal!

—¿Adónde ha ido? —me pregunta.

—A tomar una copa.

—¿Solo?

—No quiero contestar a esa pregunta.

—¿Ah, no? Yo creo que sí me va a contestar. En la comisaría.

—¿En la comisaría? ¿Y por qué?

—Encontramos su coche. Vamos a verlo.

—¿Ahora?

—Sígame, por favor.

El policía no me deja decir más. Llegamos a la comisaría. Mi coche está delante. Sale el comisario.

—Abra el maletero[34], por favor —me dice.

—*Abra el maletero, por favor* —*me dice.*
Así lo hago. ¡Y veo una caja! Es como las cajas del bar de la playa.
—*¿Nos puede decir de dónde viene esto?*

Así lo hago. ¡Y veo una caja! Es como las cajas del bar de la playa.

–¿Nos puede decir de dónde viene esto?

–Yo solo puedo decir que no es mía. Busquen al ladrón de mi coche y pregúntenle a él. O al gordo de la pistola; pueden ser la misma persona: con un poco de suerte, así sabemos también quién mató al hombre de la playa.

–A mí me parece que usted ya sabe mucho... y que habla mucho.

–Mire, yo solo le digo que están ocurriendo cosas muy raras.

–Es posible. Y además, estoy empezando a pensar que usted está metido en ellas.

«¡Metido en ellas!»: antes pensaban que había bebido demasiado. Y ahora creen que soy traficante[35] de droga o algo peor.

–¿Dónde está su novia? –me pregunta ahora el comisario con voz dura.

–No lo sé. No la he visto desde ayer.

Un policía escribe mis palabras. Otro está mirando el coche, por dentro, por debajo. Ahora me va a mirar a mí, seguro.

–Lo siento. Déjeme ver sus ropas –me dice.

Empieza a buscar en mi chaqueta y encuentra las gafas de Virginia. Ahora va a encontrar el paquete con el polvo blanco, ¡con la droga! No puedo quedarme aquí. No, no quiero. Debo buscar a Virginia. Ella está en peligro. Sin pensar en nada más, empiezo a correr, a correr rápido por el centro de la calle.

Oigo sus voces: «¡Pare! ¡Vuelva!». Van a disparar[36], seguro; pero no lo hacen. Suben a su coche para seguirme. Yo me quedo detrás de un autobús. El coche pasa delante. No me han visto.

¿Qué puedo hacer ahora? No puedo ir a mi casa. Y con 10 euros no tengo bastante para pagar un hotel. Solo me queda pasar por mi oficina. Está a cinco minutos y allí siempre dejo un poco de dinero.

No sé cómo va a terminar todo esto. Nunca he vivido días peores.

V

VIRGINIA APARECE Y DESAPARECE

ABRO la puerta de mi oficina. Todo está tranquilo, sin un ruido. Voy hasta mi mesa y me siento. Pienso en Virginia. Virginia... Tengo miedo por ella.

Llamo por teléfono a su casa. No va a estar, seguro. Pero no sé qué otra cosa puedo hacer. Espero largos minutos. ¡Y escucho su voz!

—¿Diga?

—¡Virginia! ¡Por fin te encuentro! ¿Estás bien?

—¡Rafael! ¿Cómo me llamas a estas horas? ¡Son las cinco de la mañana! ¿Dónde estás?

—En mi oficina. No puedo ir a casa.

—¿Por qué?

—Me busca la policía.

—Pero, Rafael, ¿qué has hecho?

—Nada. Escucha, quiero verte.

—¿Ahora mismo?

—Sí, no puedo quedarme aquí mucho tiempo.

—No sé si...

—Por favor, Virginia. Quiero ir otra vez a la playa de Los Cangrejos, contigo.

–¡Otra vez! ¿Por qué?

–Es importante. ¡Por favor! Te vistes y yo voy hacia tu casa. ¿De acuerdo? Espérame en tu puerta dentro de veinte minutos, con tu coche.

–Vale, vale, tranquilo. Tomo un café y bajo.

* * *

Salgo de la oficina. No hay nadie en la calle. El sol todavía no ha salido y hace un poco de frío. Empiezo a andar rápido. Pronto tengo más calor.

Delante de la casa de Virginia veo su coche, pero a ella no. ¡Ah, sí! Me está esperando dentro. Me subo rápido y nos vamos. ¡Qué ruido! Nos va a oír toda la ciudad.

–Oye, Virginia, tú no volviste allí, ¿verdad?

–Pues no, claro.

–¿Y antes de ir conmigo ayer?

–Pues, no sé... Ya te lo dije... Hace tiempo... ¡Cuántas preguntas!

Virginia no dice la verdad. Encontré sus gafas en la arena. Las tengo en mi chaqueta. Y sé que ella no quería ir a la playa de Los Cangrejos. Pero ¿por qué?, ¿por qué? Me hago esta pregunta diez, veinte veces sin encontrar respuesta. No lo entiendo.

* * *

Como el otro día: Virginia y yo llegamos a la playa de Los Cangrejos sin hablar. ¡Qué cansado estoy de todo esto!

Dejamos el coche debajo de los pinos, bastante lejos del bar. Y otra vez estamos allí. Otra vez la puerta de detrás. Entramos en la cocina. Parece que no hay nadie. Pero no tenemos tiempo de buscar nada. Los dos hemos oído el ruido de un coche. Nos miramos por un momento sin saber qué hacer. Virginia es más rápida que yo.

—¡Aquí —me dice—, coge esta silla y ponte aquí a este lado de la puerta! Yo me quedo con esta al otro lado.

—¡Cuidado! Nos pueden ver desde fuera.

—No, no creo.

Esperamos sin movernos. Pronto oímos que llega alguien. Una persona, nada más, me parece. Hay suerte.

Y aparece el gordo, con un paquete muy grande entre los brazos. Viene tranquilo. No ha visto nuestro coche. Pasa la puerta sin vernos. Entonces Virginia y yo salimos muy rápido de nuestro sitio, y por detrás, dejamos caer[37] las sillas en su cabeza. El hombre está en el suelo, como dormido. Así parece más gordo todavía. En su paquete traía comida: veo fruta y patatas por todas partes... ¡y también una pistola! Sí, la tenía en la chaqueta, seguro. La cojo.

—Virginia, busca algo para atarlo[38].

Yo me quedo cerca del gordo con la pistola. Virginia se va hacia la parte del bar. Pronto vuelve con una cuerda[38] en la mano.

—¡Mira, he encontrado esto!

Es un poco difícil, pero entre los dos atamos al hombre. Creo que no se va a poder mover. Ahora me siento más tranquilo. Miro a Virginia. Está blanca, con cara cansada, pero sonríe.

—Ven. Vámonos de aquí —le digo—. Ahora debemos volver a la isla y buscar aquel cuerpo.

—¡Ah, no, eso no! —contesta ella—. No quiero ver esa mano otra vez.

—Pero no te vas a quedar sola aquí...

—Ahora no hay peligro. Vete tú a la isla. Rafael, por favor, vete. Yo prefiero esperar por aquí.

—A mí me parece que...

—Vete, de verdad. No me va a pasar nada, tranquilo.

—Bueno, bueno. Pero quédate fuera y toma la pistola.

—Sí, ahora salgo. Dame un beso, Rafael.

¡Qué mujer! No tener miedo de este gordo y tenerlo de un muerto... No la entiendo. «Virginia, ten mucho cuidado», pienso.

VI

MUERTE, AGUA Y SOL

Corro hacia la playa. Allí, en la arena, se ha quedado mi barca. Y en menos tiempo que nunca llego a Las Siete Olas. El faro de mi isla es delgado como un paraguas.

¿Vive en él el farero[16], o va y viene todos los días desde la playa de Los Cangrejos? No lo he sabido nunca. Pero ahora lo voy a saber. La puerta está abierta. Nadie. Subo por una escalera estrecha. Desde una ventana veo una casa pequeña: ya está, allí vive el farero. Bajo muy rápido y voy hacia la casa. Otra puerta abierta y dentro un hombre sentado en una silla. Está tomando su desayuno. Me mira con ojos claros como el mar. No me pregunta quién soy. Solo me dice:

–¿Quiere comer algo?

–Pues... sí, gracias –contesto.

El hombre trae de la pequeña cocina pan, queso y café.

* * *

El hombre del faro empieza a hablar:

–Conozco su barca. Lo he visto pescar en esta isla. Y sé qué ha venido a hacer aquí –me dice.

–¿Cómo lo sabe? –pregunto–. ¿Usted vio...?

–Desde aquí yo veo muchas cosas. Pero no quiero hablar. Yo no quiero problemas, ¿sabe? Con nadie.

Me da una pala grande. La cojo sin decir nada.

–Vaya al viejo embarcadero[39] y busque debajo de una gran piedra negra.

Sé que el farero no va a explicarme nada. Tomo su mano amiga. Durante unos minutos este hombre raro me ha hecho sentir un poco mejor.

Pronto encuentro el embarcadero, y también la piedra negra. Parte de ella está bañada por el mar. Pero el agua ya está bajando. Espero. Empiezo a sentir el calor del sol. Miro cómo, poco a poco, el agua se va. La piedra se queda allí en medio de la arena. ¿Por fin voy a saber la verdad?

Empiezo a trabajar con la pala. La arena está dura. Quito más y más, rápido. Y lo encuentro: primero aparece un brazo, luego la cabeza... ya tengo delante de mí el cuerpo de un hombre.

Me siento, para pensar. Sí, conozco a este hombre: lo vi en una foto; estaba con el hermano de Virginia. ¿Qué hay entre ella y esta gente? No lo sé, no lo sé. Pero tengo miedo, miedo de su pasado.

Pongo de nuevo arena sobre el cuerpo. Subo a mi barca y vuelvo a la playa de Los Cangrejos.

* * *

¡La policía! Están llegando al bar el comisario de siempre y otro. ¿A quién buscan? ¿A mí? ¿Al gordo? No hay tiempo para preguntas. Tienen su pistola en la mano. Corro hacia ellos.

–¡Cuidado! –les digo–. ¡Virginia está allí!

Entramos a la vez los dos policías y yo.

–¡Policía! –gritan, con su pistola preparada.

—*Vaya al embarcadero y busque debajo de una gran piedra negra.*
Sé que el farero no va a explicarme nada. Pero durante unos minutos este hombre raro me ha hecho sentir un poco mejor.

–¡No disparen, por favor! ¡No disparen! –contesta desde dentro la voz de Virginia.

Enfrente de nosotros está el hombre gordo, ya sentado en el suelo pero atado todavía. Cerca, Virginia con la pistola.

–¿Quién es este hombre? –le pregunta el policía rubio.

–Un traficante de droga –contesta ella.

–Claro –digo yo–. Ya le hablamos de él el primer día. Y le dijimos que esto estaba lleno de cajas.

–Bueno, bueno, eso es verdad –me contesta el policía–. Pero usted también tenía una caja de esas en su coche...

–Sí, y un paquete de droga en la chaqueta. Por eso no podía quedarme. Ustedes no me iban a creer. Pero yo encontré el paquete aquí; y la caja me la pusieron en el maletero ellos, este hombre o uno de sus amigos. Para hacerles creer a ustedes que yo era uno de ellos, o algo así.

–Llevamos a ese a la comisaría, ¿verdad, señor comisario?

–Sí, Fernández –contesta el comisario–. Pero primero quiero saber dónde está la droga.

–Yo lo sé, señores –dice Virginia–, y puedo llevarlos. Está cerca, a diez kilómetros de aquí. Este me lo dijo.

Fernández se lleva al gordo del bar. Por radio el comisario pide otro coche con más hombres. Pero ahora va a venir con nosotros en el coche de Virginia. Ella va delante con el policía y yo detrás.

* * *

El coche corre rápido entre los pinos y los campos de patatas. Ya veo el pueblo. Pasamos delante de la estación; hay un tren parado. Hemos llegado.

–Es allí, en aquella casa verde –dice Virginia–. Y, mire, detrás hay un camión.

Paramos un poco antes de la casa para esperar al otro coche. Ya viene.

–Bueno, voy a la casa. Ustedes dos, quédense aquí en el coche –nos dice el comisario.

Todo pasa en menos de un minuto. El comisario llama a la puerta con su pistola en la mano. Un hombre moreno de pelo largo abre.

–Es el *Viruelas* –me dice Virginia.

El comisario hace entrar al *Viruelas* en la casa. Fuera, tres policías están preparados para disparar. Pronto el comisario los llama. Una y otra vez los policías entran y salen de la casa con cajas.

Virginia y yo hemos bajado del coche. Me coge de la mano. Me siento vivir, al fin.

Ahora, sale el *Viruelas*. Dos hombres lo llevan al coche de policía. Pasan delante de nosotros. En este momento mira a Virginia y, muy bajo, le dice:

–Esto lo vas a pagar. Y tu hermano, también...

Los ojos del traficante hablan de muerte. Virginia se ha quedado blanca. Otra vez siento miedo por ella, y por mí. Una vez más me vuelven a la cabeza las palabras de Virginia: *HAY OTRAS PERSONAS EN PELIGRO*. Jaime, el hermano de Virginia. Creo que empiezo a entender. Y no me gusta nada.

Pero el comisario de policía viene hacia nosotros. Nos da la mano.

–Hemos encontrado más de cien kilos de droga. Gracias a ustedes dos. Les pido perdón.

–Virginia lo ha hecho todo –digo yo.

–Ahora vayan a casa. Están cansados. Nosotros vamos a ver qué nos cuenta este. Pero, por favor, vengan ustedes mañana a la comisaría para hablar de toda esta historia... y también del muerto de la isla: porque ha desaparecido pero existe, ¿no es así?

El comisario me sonríe, pero su sonrisa no es como antes. Ahora sabe que me puede creer. Ahora tengo yo el problema: no sé si quiero hablar de ese Paco a la policía; no sé si debo, por Virginia.

VII

UNA NUEVA NOVELA

VIRGINIA y yo volvemos a casa. Yo llevo el coche. Ella va a mi derecha, sin hablar. No me ha preguntado nada sobre mi viaje a la isla. Me pregunto en qué piensa ahora.

–¿Qué pasó, Virginia? Dime. ¿Por qué habló ese *Viruelas* de tu hermano? ¿Qué hizo?

–Nada, él no hizo nada. Vamos a olvidarnos de todo ahora, y a vivir –me contesta sin mirarme.

–No, Virginia, eso no es posible. Pero ¿de qué tienes miedo? ¿No sabes que te quiero?

Por fin Virginia me mira. Y me cuenta:

«Jaime mató al hombre de la isla..., a Paco..., la semana pasada. Es una larga historia. Todo fue por ir con esa gente, por hacerse amigo de Paco. En febrero le hizo traer a mi hermano un poco de droga; desde no sé dónde. Jaime fue tonto; no supo decir que no. Hubo dos o tres viajes más. Pero Jaime empezó a tener miedo y me lo contó todo. Él quería dejar eso; no sabía cómo.

»La semana pasada, Paco lo llamó para hablar de otro viaje. Debían verse en la playa de Los Cangrejos. Fui con él y con Levis. Ya sabes que nos quiere mucho a Jaime y a mí. Paco apareció con el

Viruelas. Mi hermano explicó una y otra vez que Paco era su amigo; que no iba a hablar con la policía; pero que él no quería traer más droga; que era demasiado peligroso.

»Pero nada. Paco y el *Viruelas* no escuchaban a Jaime. Además, no les gustó vernos a Levis y a mí. Creo que se pusieron más nerviosos. El *Viruelas* quiso usar su pistola; ahí Levis fue rápido y la pudo coger. Pero Paco también tenía un arma, me iba a disparar a mí. Entonces Jaime le dio en la cabeza con una piedra. Paco, en el suelo, no se movía; el *Viruelas* lo miraba. Nosotros corrimos, corrimos...».

−¿Y por qué no fuisteis a la policía, Virginia?

−Yo quería ir, claro. Pero Jaime tenía miedo. Levis dijo que podíamos esperar un poco. No sabíamos que Paco estaba muerto.

−¿Lo entendiste en la isla?

−Sí, claro.

−El *Viruelas* o el gordo lo llevaron de la playa a la isla y luego lo hicieron desaparecer, después de oírnos hablar de ello en el bar. En fin... No es una historia muy bonita.

−¿Dónde está Jaime ahora?

−Lejos de aquí, en América. Tomó un avión con Levis. Yo los llevé al aeropuerto y desde allí te llamé. Mira, Rafael, sé que no está bien. Pero... es mi hermano... y...

* * *

Hemos llegado. Paro el coche delante de casa de Virginia. Me da un beso[15]. La quiero más que nunca. Y ahora no tengo miedo. Sé que puedo creer en ella. Pero ¿por qué no me habló antes?

−Virginia −le pregunto−, ¿por qué no me lo dijiste todo el primer día?

−No quería meterte en esto.

—Pero fue peor. Pensé por unos momentos que tú trabajabas para ellos. Mira.

Le doy sus gafas de sol. Virginia parece no entender.

—Sí, Virginia, las encontré en la playa de Los Cangrejos. Y yo sabía que no las tenías el otro día.

—Claro, las perdí la semana pasada... ¡Oh, Rafael, perdóname!

* * *

Por fin en casa. He subido con Virginia. Estamos cansados. Pero me siento mucho mejor; creo que Virginia también. Tengo hambre. Vamos a preparar algo. En la cocina Virginia sonríe y me dice:

—Ahora debemos olvidar.

—¿Olvidar, sin más? ¿Tú crees que es posible?

—Pues sí, ¿por qué no? Paco está muerto, el *Viruelas* y el gordo del bar están en la comisaría, Jaime y Levis en el extranjero...

—Te olvidas de algo, Virginia. Yo estuve en la isla y...

—¡... lo encontraste!

—Sí, Virginia. El cuerpo de Paco está en la isla. Ya sé dónde y el farero también lo sabe...

—¡Qué dices!

—El farero vio a los traficantes cambiarlo de sitio. Ahora debemos decirlo todo a la policía.

—Pero la policía puede...

—Es mejor, Virginia, de verdad. Lo vamos a explicar todo. No va a pasar nada. Además, no debes olvidar que el *Viruelas* va a hablar. Y piensa cómo va a contar las cosas.

—De acuerdo, Rafael. Mañana vamos a la comisaría a decir toda la verdad.

—¡Y nada más que la verdad!

Nos reímos. Comemos. ¡Qué bueno está todo! Ahora quiero un buen café caliente.

–¡Un café ahora! ¡No vas a poder dormir! –me dice Virginia.

–¿Quién habla de dormir? Voy a trabajar.

–¡Trabajar! Rafael, ¿estás bien de la cabeza?

–Claro, voy a escribir. Una buena novela. Se va a llamar...

–*¡UNA MANO EN LA ARENA!*

ACTIVIDADES

Antes de leer

1. Antes de empezar la lectura de *Una mano en la arena*, ojéala, fíjate en las ilustraciones y en los títulos de los capítulos. Observa las fotografías y elige el lugar donde sucede la historia.

una playa turística con mucha gente

un desierto

una playa solitaria

2. Ahora, tras fijarte en las ilustraciones y en los títulos de los capítulos, di si las siguientes afirmaciones son verdaderas o falsas y corrige las falsas.

   a. *Una mano en la arena* es una novela romántica. ☐

   b. Los protagonistas son dos hombres. ☐

   c. En la historia aparece un muerto. ☐

   d. La policía interviene en la historia. ☐

   e. Los protagonistas de la historia tienen entre 20 y 30 años. ☐

3. Estas son algunas de las palabras que aparecen en la novela. Relaciona cada una de ellas con su definición.

1. Cadáver

2. Miedo

3. Maletero

4. Traficante

5. Disparar

6. Linterna

7. Huellas

8. Pistola

9. Cangrejos

10. Pala

a. Arma de fuego corta que se puede utilizar con una sola mano.

b. Animales pequeños que viven en el mar.

c. Herramienta que sirve para coger algo (tierra, piedras, etc.) y cambiarlo de sitio.

d. Señales, que son como dibujos, dejadas en la tierra.

e. Persona que compra y vende productos ilegales, por ejemplo, droga.

f. Un cuerpo muerto.

g. Hacer que funcione una pistola u otra arma.

h. En los coches, parte donde se llevan las maletas, bolsas u otros objetos de viaje.

i. Objeto que se lleva en la mano y que sirve para dar luz.

j. Sensación desagradable que se tiene ante un peligro real o no, un dolor, etc.

Durante la lectura

Capítulo I

4. ① Antes de leer el capítulo, escúchalo e intenta responder a las preguntas.

1. Rafael propone a Virginia:

a. dar un paseo por la ciudad.

b. ir a alguna playa.

c. tomarse algo en su casa.

2. Virginia no quiere ir a la playa de Los Cangrejos:

   a. porque tiene miedo a los cangrejos.

   b. porque hay mucha gente.

   c. no sabemos por qué.

3. Rafael y Virginia van a pescar:

   a. a la playa de Los Cangrejos.

   b. a una isla desierta.

   c. en una barca mar adentro.

5. Ahora, lee el capítulo y comprueba tus respuestas.

Capítulo II

6. ② Antes de leer el capítulo, escúchalo e intenta completar las oraciones.

   a. Virginia no quiere ir a la playa de Los Cangrejos porque…

   b. Rafael quiere llamar a la policía porque…

   c. Virginia y Rafael no pueden llamar por teléfono desde el bar porque…

   d. La policía no cree la historia de Rafael porque…

7. Ahora, lee el capítulo y comprueba tus respuestas.

8. Selecciona de esta lista los trece hechos que ocurren en este capítulo. Luego, ordénalos.

Ocurre		Orden
	a. Encuentran un bar.	
	b. Hablan con un hombre que lleva una pistola.	
	c. Se duermen en el bar.	
	d. Llaman por teléfono a la policía.	
✓	e. Llegan a la isla en barca.	1
	f. Virginia nada en la playa.	
	g. Vuelven a la playa de Los Cangrejos.	
	h. Llaman por teléfono desde un bar.	
✓	i. Beben un vaso de vino.	13
	j. Rafael se pone a pescar.	
	k. Se sientan a esperar que llegue la policía.	
	l. Rafael pesca varios peces.	
	m. Rafael se pega con un hombre.	
	n. La policía llega y habla con ellos.	
	ñ. El coche no está donde lo dejaron, se lo han robado.	
	o. Encuentran una mano en la arena.	
	p. Rompen un cristal para entrar en el bar.	
	q. Llegan a una gasolinera.	
	r. Virginia toma el sol en la playa.	

Capítulo III

9. (3) Antes de leer el capítulo, escúchalo y di si las siguientes afirmaciones son verdaderas o falsas.

a. La policía cree que han tenido un accidente. ☐

b. Rafael y Virginia tienen hambre y no consiguen comer nada. ☐

c. La policía decide ir a la isla al día siguiente. ☐

d. Rafael se levanta a las seis para ir a la comisaría. ☐

e. Rafael decide no llamar a Virginia. ☐

f. Rafael vuelve a la isla con dos policías. ☐

g. Los policías son muy amables con Rafael. ☐

h. La policía no encuentra nada en la isla. ☐

i. La policía no cree la historia de Rafael. ☐

j. Rafael descubre unas huellas de un camión cerca del bar. ☐

k. Virginia ha salido ya del trabajo. ☐

10. Ahora, lee el capítulo, comprueba tus respuestas y corrige las afirmaciones falsas.

Falsas	Lo cierto es:

11. ¿Por qué crees que Virginia no quiere contar lo que ha pasado a la policía y ha desaparecido? Puede haber más de una respuesta correcta.

a. Ha sido secuestrada por alguien.

b. Tiene alguna relación con el muerto.

c. Ha ido a esconder el cuerpo en otro sitio.

d. Ha ido a avisar a alguien que tiene relación con los hechos.

e. Otras: _____.

Capítulo IV

12. (4) Antes de leer el capítulo, escúchalo
e intenta responder a las preguntas.

1. Virginia llama a Rafael para:

    a. decirle dónde está.

    b. quedar con él.

    c. avisarle de un peligro.

2. Rafael encuentra en la playa:

    a. unas gafas de Virginia.

    b. las cajas de la noche anterior.

    c. una linterna.

3. Rafael va a buscar a Virginia:

    a. a su casa.

    b. a su oficina.

    c. a un bar.

4. Un policía encuentra en el maletero del coche de Rafael:

    a. el cadáver de la playa.

    b. una caja con droga.

    c. una pistola.

5. Rafael huye de la policía:

    a. corriendo.

    b. en coche.

    c. en autobús.

13. Ahora, lee el capítulo y comprueba tus respuestas.

14. Imagina que aparece en el periódico la noticia de los hechos ocurridos entre Rafael y la policía. Completa los textos con las siguientes palabras y, luego, elige el que más se acerque a la realidad.

asesinato	maletero	paquete	detenido	huyó	registrando

1

Un joven ha sido (a) _____ por encontrarse en su coche una caja que contenía 10 kilogramos de cocaína. La policía sospecha que puede tener relación con un (b) _____ .

2

Un joven acusado del asesinato de su novia escapa cuando iba a ser detenido por la policía. El hombre (c) _____ en su coche en el que se había encontrado un (d) _____ con droga.

3

Un joven escapa de la policía al ser descubierta en el (e) _____ de su coche una caja que contenía droga. En el momento en el que la policía lo estaba (f) _____ el hombre empezó a correr y consiguió escapar.

Capítulo V

15. ⑤ Antes de leer el capítulo, escúchalo y ordena los hechos.

Orden

a. Rafael y Virginia llegan a la playa de Los Cangrejos. ☐

b. Rafael llama a Virginia desde la oficina. ☐

c. Entran en el bar y golpean al hombre. ☐

d. Rafael pregunta a Virginia sobre lo que sabe de la playa. ☐

e. Atan al hombre, Virginia se queda en el bar
y Rafael vuelve a la isla. ☐

16. Ahora, lee el capítulo y comprueba tus respuestas.

17. Lee las siguientes afirmaciones e identifica el personaje que lo está pensando: Rafael o Virginia.

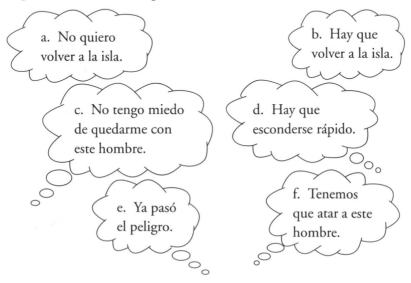

a. No quiero volver a la isla.

b. Hay que volver a la isla.

c. No tengo miedo de quedarme con este hombre.

d. Hay que esconderse rápido.

e. Ya pasó el peligro.

f. Tenemos que atar a este hombre.

18. Recuerda la escena dentro del bar. Completa las oraciones con estas palabras y expresiones y ordena los hechos.

encima de	al lado de	detrás
dentro de	entre	debajo de

Orden

a. Escuchan un ruido y se esconden ——————— la puerta. ☐

b. Dejan caer las sillas ——————— la cabeza del hombre. ☐

c. El hombre tiene una pistola ——————— su chaqueta. ☐

d. Aparece un hombre con un paquete ——————— las manos. ☐

e. Golpean al hombre por ———————. ☐

f. Dejan el coche ——————— los pinos. ☐

Capítulo VI

19. ⑥ Antes de leer el capítulo, escúchalo e intenta responder a las preguntas.

1. Rafael llega al faro:

   a. por la mañana.

   b. por la tarde.

   c. por la noche.

2. Rafael conoce al hombre muerto porque:

   a. lo ha visto con Virginia.

   b. lo ha visto en una foto.

   c. es amigo de Virginia.

3. Virginia sabe dónde está la droga porque:

    a. la ha encontrado mientras esperaba.

    b. se lo ha dicho el hombre.

    c. forma parte del grupo de traficantes.

4. El *Viruelas* amenaza a:

    a. Rafael y Virginia.

    b. Virginia y su hermano.

    c. los policías.

20. Ahora, lee el capítulo y comprueba tus respuestas.

Capítulo VII

21. (7) Piensa cuál de los tres finales puede ocurrir. Luego, escucha el capítulo y comprueba tu respuesta.

    a. Rafael decide no contar dónde está el muerto. El *Viruelas* y el hombre gordo son detenidos. Jaime, el hermano de Virginia, consigue huir.

    b. Rafael cuenta a la policía dónde se encuentra el muerto. Detienen al *Viruelas*, al hombre gordo y al hermano de Virginia. El *Viruelas* mató al hombre y Jaime había sido testigo.

    c. Rafael y Virginia deciden contar la verdad a la policía. Jaime, el hermano de Virginia, ha matado al hombre, pero ha conseguido escapar. Virginia había sido testigo del asesinato.

22. Ahora, lee el capítulo y comprueba tus respuestas.

23. Después de leer el capítulo, di si las siguientes afirmaciones son verdaderas o falsas y corrige las falsas.

    a. Jaime hizo un viaje con Paco. ☐

    b. Jaime dijo que iba a hablar con la policía. ☐

    c. Paco y el *Viruelas* estaban nerviosos. ☐

    d. Virginia quería hablar con la policía. ☐

    e. Jaime disparó a Paco con la pistola. ☐

    f. Virginia ayudó a escapar a Levis y a su hermano. ☐

    g. Virginia no contó nada a Rafael para protegerlo. ☐

    h. Virginia había perdido las gafas el día del asesinato. ☐

    i. Virginia no quiere hablar con la policía, pero Rafael la convence. ☐

Después de leer

24. Imagina que eres Virginia y que escribes una carta a tu hermano contándole lo que ha pasado. Puede comenzar así:

> Querido Jaime:
>
> Han pasado muchas cosas desde que te fuiste. Te cuento:
>
>
>
>
>
>
> Un abrazo, te quiere
> Virginia

25. ¿Qué crees que pasa cuando Rafael y Virginia cuentan la verdad a la policía? ¿Los creen? ¿Encuentran a Jaime? ¿Detienen a Virginia? Coméntalo con tus compañeros.

26. ¿Qué harías tú si fueras Virginia? ¿Y si fueras Rafael? Coméntalo con tus compañeros.

27. Relaciona cada uno de los adjetivos de carácter con el personaje correspondiente. Luego, compara tu resultado con tus compañeros y justifica tus respuestas.

impulsivo	protector	débil
cauteloso	dominante	
miedoso	valiente	

- Rafael es: ————————————————————.
- Virginia es: ————————————————————.
- Jaime es: ————————————————————.
- Paco es: ————————————————————.
- El *Viruelas* es: ————————————————————.

SOLUCIONES

1. c.

2. a-F (Es una novela policiaca); b-F (Los protagonistas son un hombre y una mujer); c-V; d-V; e-V.

3. 1-f; 2-j; 3-h; 4-e; 5-g; 6-i; 7-d; 8-a; 9-b; 10-c.

4. 1-b; 2-c; 3-b.

6. a. le recuerda algo de su pasado que no le gusta; b. han encontrado un muerto y les han robado el coche; c. no se lo permite un hombre con una pistola; d. creen que está borracho.

8. 1-e; 2-r; 3-j; 4-o; 5-g; 6-ñ; 7-a; 8-p; 9-b; 10-q; 11-d; 12-k; 13-i.

9. a-V; b-F; c-V; d-V; e-V; f -F; g-F; h-F; i-V; j-V; k-F.

10. b. Sí comen, el chico de la gasolinera les da un poco de pan y queso; f. Rafael vuelve a la isla con tres policías; g. Los policías parecen enfadados con Rafael; h. Sí, encuentran un pez muerto; k. Virginia no ha ido a trabajar ese día.

12. 1-c; 2-a; 3-c; 4-b; 5-a.

14. a. detenido; b. asesinato; c. huyó; d. paquete; e. maletero; f. registrando. El más cercano a la realidad es el texto número 3.

15. 1-b; 2-d; 3-a; 4-c; 5-e.

17. Rafael: b, f. Virginia: a, c, d, e.

18. 1-f (debajo de); 2-b (encima de); 3-a (al lado de); 4-d (entre); 5-e (detrás); 6-c (dentro de).

19. 1-a; 2-b; 3-b; 4-b.

21. c.

23. a-F (Jaime hizo el viaje solo); b-F (Jaime dijo que tenía miedo); c-V; d-V; e-F (Jaime dio un golpe a Paco con una piedra); f-V; g-V; h-V; i-V.

NOTAS

Estas notas proponen equivalencias o explicaciones que no pretenden agotar el significado de las palabras y expresiones siguientes, sino aclararlas en el contexto de *Una mano en la arena*.

m.: masculino, *f.:* femenino, *inf.:* infinitivo.

Una mano en la arena: aquí, la **arena** (*f.*) de una playa. Es el conjunto de granos o piedras muy pequeñas que cubren el suelo.

1. **bañador** *m.:* ropa que las personas usan para meterse en el agua o para estar al sol en lugares como playas, piscinas, etc.

2. **pesca** *f.:* acción de **pescar**, es decir, de coger peces u otros animales que viven en el agua. Las personas que lo hacen como forma de trabajo o por deporte son **pescadores** (*m.*).

3. **novelas policiacas** *f.:* historias donde la policía o alguno de los personajes intenta descubrir quién mató a alguien, por ejemplo.

4. **novia** *f.:* chica con la que un chico piensa casarse o tiene relaciones amorosas más o menos formales.

5. **cangrejos** *m.:* animales pequeños que viven en el mar.

6. **miedo** *m.:* sensación desagradable que se tiene ante un peligro real o no, un dolor, etc.

7. **gasolinera** *f.:* lugar donde se vende el líquido que sirve para hacer funcionar los coches.

8. **pinos** *m.:* tipo de árbol que no pierde sus hojas.

9. **nada** (*inf.:* **nadar**): se sostiene y avanza en el agua haciendo determinados movimientos.

10. **isla** *f.:* tierra en medio del mar.

[11] **barca** *f.:* barco pequeño.

[12] **desierta:** donde no hay gente o no vive nadie.

[13] **tumbada** (*inf.:* **tumbarse**): acostada.

[14] **olas** *f.:* movimientos del mar, producidos por el viento, las corrientes, etc.

[15] **beso** (*inf.:* **besar**): le doy un **beso** (*m.*), es decir, toco su cara, su boca, con los labios, en señal de amor.

[16] **faro** *m.:* torre alta con una luz que sirve para orientar a los barcos por la noche. El **farero** (*m.*) es la persona que se ocupa del **faro**.

[17] **grito** *m.:* sonido, palabra o expresión que se dice en voz muy alta, a veces sin quererlo, en particular para expresar dolor, miedo, etc.

[18] **dedo** *m.:* cada una de las cinco partes en que termina la mano.

[19] **aparecer:** dejarse ver, llegar. Lo contrario de **aparecer** es **desaparecer**.

[20] **roba** (*inf.:* **robar**): quita a una persona algo que es suyo.

[21] **cristales** *m.:* placas finas de vidrio, un material que deja pasar la luz y se rompe fácilmente.

[22] **cajas** *f.:* objetos (de madera, cartón, plástico, metal u otro material) que sirven para guardar o transportar cosas.

[23] **pistola** *f.:* arma de fuego corta que se puede utilizar con una sola mano.

[24] **ladrones** *m.:* personas que **roban** (ver nota 20).

[25] **comisaría** *f.:* oficina de la policía y en particular del **comisario** (*m.*) o jefe de policía.

[26] **pala** *f.:* objeto que sirve para coger algo (tierra, piedras, etc.) y cambiarlo de sitio.

[27] **huellas** *f.:* señales, que son como dibujos, dejadas en la tierra, aquí, por las ruedas de un **camión** (ver nota 28).

[28] **camión** *m.:* vehículo grande y pesado que sirve para transportar cosas, no personas.

[29] **voz** *f.:* sonidos que produce una persona cuando habla o canta.

[30] **linterna** *f.:* objeto que se lleva en la mano y que sirve para dar luz.

[31] **meto** (*inf.:* **meter**): pongo una cosa dentro de otra, entre otras cosas o en el interior de algún sitio.

[32] **polvo** *m.:* conjunto de partículas muy pequeñas y ligeras de tierra seca o de otra sustancia que se levanta fácilmente en el aire.

[33] **droga** *f.:* sustancia peligrosa, como el LSD, por ejemplo, que produce efectos físicos y psicológicos artificiales. Las drogas crean hábito (toxicomanía) en las personas que las toman.

[34] **maletero** *m.:* en los coches, parte donde se llevan las maletas, bolsas u otros objetos de viaje.

[35] **traficante** *m.:* persona que compra y vende productos prohibidos, por ejemplo, **droga** (ver nota 33).

[36] **disparar:** hacer que funcione la **pistola** (ver nota 23).

[37] **caer:** moverse algo de arriba abajo por su propio peso; aquí, con la fuerza añadida de la persona que hace caer el objeto.

[38] **atar:** sujetar a una persona con una **cuerda** (*f.*) o con otra cosa que no la deja moverse.

[39] **embarcadero** *m.:* lugar en un puerto donde las personas pueden subir o bajar de los barcos.

Títulos ya publicados de esta Colección

Nivel 1

¡Adiós, papá! ÓSCAR TOSAL
El misterio de la llave. ELENA MORENO
La sombra de un fotógrafo. ROSANA ACQUARONI
Soñar un crimen. ROSANA ACQUARONI
Una mano en la arena. FERNANDO URÍA
Mala suerte. HELENA GONZÁLEZ VELA Y ANTONIO OREJUDO
El sueño de Otto. ROSANA ACQUARONI

Nivel 2

El hombre del bar. JORDI SURÍS JORDÀ Y ROSA MARÍA RIALP
En piragua por el Sella. VICTORIA ORTIZ
La chica de los zapatos verdes. JORDI SURÍS JORDÀ
La ciudad de los dioses. LUIS MARÍA CARRERO
El libro secreto de Daniel Torres. ROSANA ACQUARONI
Asesinato en el Barrio Gótico. ÓSCAR TOSAL
El señor de Alfoz. M.ª LUISA RODRÍGUEZ SORDO
De viaje. ALBERTO BUITRAGO
* *La corza blanca.* GUSTAVO ADOLFO BÉCQUER
* *Rinconete y Cortadillo.* MIGUEL DE CERVANTES

Nivel 3

* *Don Juan Tenorio.* JOSÉ ZORRILLA
* *El desorden de tu nombre.* JUAN JOSÉ MILLÁS
* *La Cruz del Diablo.* GUSTAVO ADOLFO BÉCQUER
* *Marianela.* BENITO PÉREZ GALDÓS
* *La casa de la Troya.* ALEJANDRO PÉREZ LUGÍN
* *Lazarillo de Tormes.* ANÓNIMO
El secreto de Cristóbal Colón. LUIS MARÍA CARRERO
Pánico en la discoteca. FERNANDO URÍA

Nivel 4

Carnaval en Canarias. FERNANDO URÍA
* *El oro de los sueños.* JOSÉ MARÍA MERINO
* *La tierra del tiempo perdido.* JOSÉ MARÍA MERINO
* *Las lágrimas del sol.* JOSÉ MARÍA MERINO
* *La muerte y otras sorpresas.* MARIO BENEDETTI
* *Letra muerta.* JUAN JOSÉ MILLÁS
* *Sangre y arena.* VICENTE BLASCO IBÁÑEZ

Nivel 5

* *Pepita Jiménez.* JUAN VALERA
* *Aire de Mar en Gádor.* PEDRO SORELA
* *Los santos inocentes.* MIGUEL DELIBES

Nivel 6

* *Los Pazos de Ulloa.* EMILIA PARDO BAZÁN
* *La Celestina.* FERNANDO DE ROJAS
* *El Señor Presidente.* MIGUEL ÁNGEL ASTURIAS

* *Adaptaciones*

Dirección de arte: **José Crespo**
Proyecto gráfico: **Carrió/Sánchez/Lacasta**
Ilustración: **Jorge Fabián González**
Jefa de proyecto: **Rosa Marín**
Coordinación de ilustración: **Carlos Aguilera**
Jefe de desarrollo de proyecto: **Javier Tejeda**
Desarrollo gráfico: **Rosa Barriga, José Luis García, Raúl de Andrés**
Dirección técnica: **Ángel García**
Coordinación técnica: **Fernando Carmona, Lourdes Román**
Confección y montaje: **Marisa Valbuena, María Delgado**
Cartografía: **José Luis Gil, Belén Hernández, José Manuel Solano**
Corrección: **Gerardo Z. García, Nuria del Peso, Cristina Durán**
Documentación y selección de fotografías: **Mercedes Barcenilla**
Fotografías: C. Díez; F. Ontañón; J. C. Muñoz; J. Navarro; Prats i Camps;
COMSTOCK; EFE/AIRBUS/HANDOUT; HIGHRES PRESS STOCK;
ISTOCKPHOTO; MATTON-BILD; ARCHIVO SANTILLANA
Grabaciones: **Textodirecto**

© 1993 by Fernando Uría

© 1993 by Universidad de Salamanca
Grupo Santillana de Ediciones, S. A.

© 2008 Santillana Educación

© 2009 Santillana Educación
Torrelaguna, 60. 28043 Madrid

En coedición con Ediciones de la Universidad de Salamanca

PRINTED IN SPAIN

Impreso en España por Unigraf S.L.

ISBN: 978-84-9713-126-1
CP: 161224
Depósito legal: M-20463-2011